클로드 모네

루시 브라운리지 글 • 카롤린 본 뮐러 그림 • 초혜진 옮김

클로드 모네는 프랑스 북부의 자그마한 항구 도시에서 자랐어요. 풍경이 아름답고 바람이 많이 부는 곳이었지요. 클로드는 목탄을 사용해 '캐리커처'라고 불리는 우스꽝스러운 초상화를 즐겨 그렸어요. 덕분에 친구들에게 인기가 많았답니다.

클로드는 자라면서 유명 인사들을 캐리커처로 그려 동네 상점에서 팔기 시작했어요.
클로드의 캐리커처는 동네 사람들이 앞다투어 살 정도로 인기가 대단했어요.

그 무렵 클로드의 고향에는 유명한 풍경 화가
외젠 부댕이 살고 있었어요. 클로드보다
열여섯 살이나 많은 선배 화가였지요.
외젠은 클로드가 매우 귀하고 특별한 재능을
가졌다는 사실을 알아차렸어요. 자신이 조금만
도와주면 뛰어난 예술가가 될 거라 믿었지요.

외젠은 진정한 화가라면 유화 물감처럼 다루기
어려운 재료를 쓸 줄 알아야 한다고 생각했어요.
사람 얼굴보다는 풍경을 그릴 줄 알아야
한다고도요. 외젠의 가르침을 받아
클로드는 자연을 관찰하며
그리기 시작했답니다.

화가가 되기로 결심한 클로드는 파리에서 제대로
교육을 받고 싶었어요. 파리의 예술 학교에 입학한 클로드는
카미유 피사로라는 학생과 아주 친해졌지요.

클로드와 카미유 피사로는
시시각각 변하는 계절이나
노을 지는 하늘을 그리고 싶은 마음이
간절했어요. 하지만 학교에서는
움직이지 않는 사물을 담은 정물화나
유명한 전투 장면을 담은 역사화만
그리게 했지요. 두 친구는 학교를
나가면 어떤 그림을 그릴지
함께 꿈꾸고 이야기 나눴어요.

클로드는 야외에서 그림 그리는 걸 좋아했어요. 자연과 더 가까워지는 기분이 들었기 때문이에요.
당시에 대부분의 화가는 실내에서 그림을 그렸어요. 그래서 사람들은 클로드가 이상하다고 생각했지요.
클로드의 모델이자 친구였던 카미유 동시외만이 그렇게 생각하지 않았어요.
클로드는 파리의 아름다운 정원에서 카미유를 즐겨 그렸답니다.

카미유 동시외는 아주 훌륭한 모델이었어요. 어디에 어떻게 서야 더 멋진 그림이 될지 아이디어가 넘쳐났지요. 그 바람에 클로드는 무엇을 그려야 할지 결정을 못할 때도 있었어요. 심지어는 한 그림에 서로 다른 모습을 한 카미유 넷을 그려 넣기도 했답니다. 서로에게 영감을 주었던 두 사람은 곧 깊은 사랑에 빠졌어요.

클로드는 화창한 날이면 가장 친한 친구인 오귀스트 르누아르와 함께 센강 근처에서 시간을 보내곤 했어요. 다른 사람들처럼 수영을 하러 간 게 아니었어요. 물 위에서 춤추는 찬란한 햇살을 그림에 담으려고 애썼지요.

수영하는 사람들이 물장구를 치면 강물은 쉼 없이 일렁였어요.
일렁이는 강물 위로 그림자가 드리우기도 했지요. 이러한 물은 아주 그리기 까다로웠어요. 꼭 어려운 퍼즐을 푸는 것처럼요. 마침내 붓질로 햇살의 반짝임을 표현했을 때 클로드는 짜릿한 기쁨을 느꼈어요.

클로드는 행복했어요. 사랑하는 카미유와 결혼을 했고, 장을 그리는 일은 여전히 재미있었거든요. 곧 모네 부부의 첫 아이 장이 태어났어요. 하지만 아무도 클로드의 특이하고 축축한 강 그림을 사려고 하지 않았어요. 이제 식구가 셋이 되었는데도 말이에요.

클로드는 너무나
걱정이 되었어요.
가족들을 굶기지 않으려면
돈을 더 벌어야 했지요.

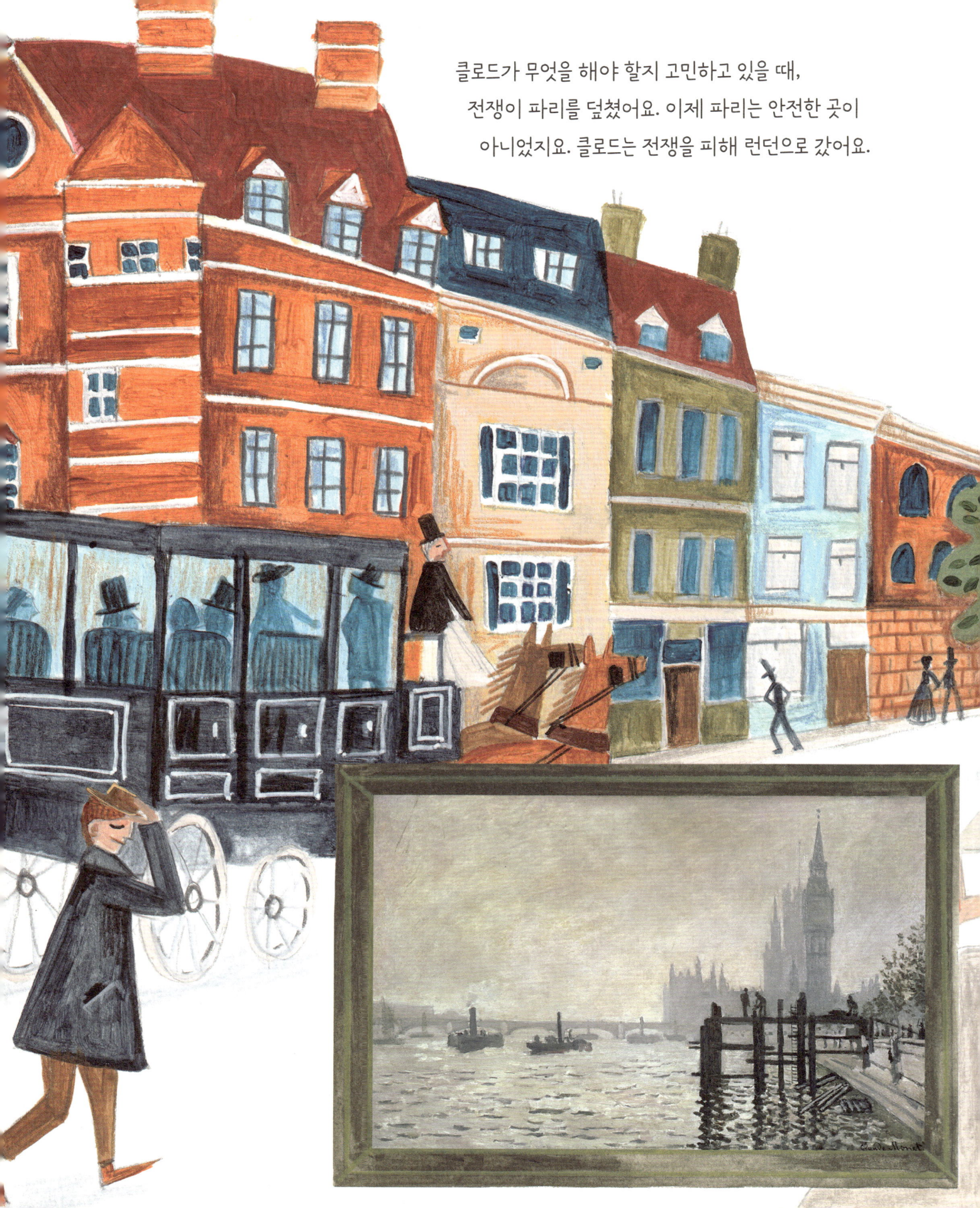

클로드가 무엇을 해야 할지 고민하고 있을 때, 전쟁이 파리를 덮쳤어요. 이제 파리는 안전한 곳이 아니었지요. 클로드는 전쟁을 피해 런던으로 갔어요.

런던에 도착한 클로드는 무척 설렜어요.
그림에 담을 새로운 강이 있었거든요! 바로 런던 한복판을 흐르는 템스강이었지요. 클로드는 런던에서 여러 미술관을 다니면서 놀라운 작품들과 만났어요. 따스하면서도 환상적인 빛으로 가득한 존 컨스터블의 그림과 클로드가 생각지도 못한 방식으로 소용돌이치는 하늘을 표현한 윌리엄 터너의 그림을 보았지요.

클로드는 두 선배 예술가처럼 자기만의 방식으로 그림을 그리고 싶었어요. 그래서 그리고, 그리고, 또 그렸답니다.

드디어 <인상: 해돋이>라는 작품이 완성되었어요. 전쟁이 끝나자 클로드와 친구들은 파리에서 전시회를 열었어요. 전시회에 내걸린 165점의 작품 중에서 가장 돋보이는 것은 클로드의 작품이었어요. 작품 속의 바다는 일렁이는 듯했고 그 위로 솟아오른 태양은 불타는 주홍빛이었지요. 전시를 보러 온 사람들은 깜짝 놀랐어요. 이날부터 클로드와 친구들은 이 작품의 이름을 따라 '인상주의 자'로 불리게 되었답니다.

클로드가 결국 해냈어요.
물과 빛을 표현하는 새로운
방식을 찾아낸 거예요!

클로드는 행복이라는 구름을 타고 둥실둥실 떠다니는 것 같았어요. 전쟁은 끝났고, 전시는 성공을 거두었으니까요. 클로드는 사랑스러운 아내와 아들을 그리면서 한껏 행복을 누렸어요. 이 시기에 클로드가 그린 그림은 맑은 빛과 부드러운 여름 바람으로 가득 차 있답니다.

빛이 어른거리듯 흐릿하게 칠해진 클로드의 그림은 실제가 아니라 기억 속의 장면처럼 보여요. 클로드가 자기 가족과 행복했던 때를 그림으로 많이 남겨 둔 건 정말 다행이었어요. 사랑하는 아내가 둘째를 가진 채로 병에 걸리고 말았거든요.

결국 카미유는 세상을 떠나고 말았어요. 클로드는 슬픔에 잠겨 센강 근처를 거닐거나 그림을 그렸어요. 그렇게도 좋아하는 센강을 그렸는데도 그림은 차갑고 쓸쓸해 보이기만 했어요.

클로드는 카미유가 너무나 그리웠어요. 그래서 카미유와 함께 살 때 그린 작품들을 소중하게 간직했지요. 클로드는 어둠을 가슴에 품은 채 빛을 그리기 위해 계속 노력했어요.

클로드는 기운을 차리려고 아주 놀라운 일을 시작했어요. 먼저 정원이 딸린 아름다운 돌집으로 이사를 했어요. 그러고는 여러 해에 걸쳐 연못을 만들고 수련으로 가득 채웠지요. 연못가에는 멋진 나무를 심고 연못을 건너다닐 수 있는 작은 다리도 만들었어요. 꽃과 반짝이는 물로 가득한 오아시스를 만든 거예요. 이 연못은 지금도 여전히 그 자리에 있답니다.

정원이 완성될 무렵, 클로드도 늙어 가고 있었어요. 클로드는 런던과 파리 곳곳을 자유롭게 여행하며 좋아하는 것들을 그렸어요. 루앙에 있는 대성당과 템스강 근처에 있는 국회의사당, 집 근처에 있는 건초 더미들로 캔버스를 채워 나갔지요. 클로드는 계절마다, 빛이 바뀌는 순간마다 변하는 특징을 담아내려고 같은 장소를 몇 번이고 그렸답니다.

클로드는 지루한 예술 학교에
다니던 젊은 날에 꿈꾸었던 모든 것을
이루었어요. 그리고 마지막으로
연못이 있는 정원 풍경을
그림에 담기 시작했어요.

클로드는 미술관의 커다란 전시실을 에워쌀 정도로
거대한 수련 그림을 여러 장 그렸어요. 그 전시실에 있으면
반짝이는 연못 한가운데 서 있는 것 같았지요.
마침내 클로드가 진정한 빛의 마술사가 된 거예요.

어떤 작품을 남겼을까요?

아틀리에 한 구석, 1861

클로드는 바깥에서 움직이는 물결과 햇살을 그리는 걸 좋아했어요. 하지만 예술 학교에 다닐 때는 실내에서 정물화만 그려야 했지요. 이 작품에서 클로드는 아틀리에를 거무칙칙하게 표현했어요. 그래도 벽지를 보면 상쾌한 바깥 풍경이 떠올라요.

라 그르누예르의 수영객들, 1869

클로드는 센강의 유명한 물놀이 장소에 앉아 이 그림을 그렸어요. 잔물결을 그럴싸하게 표현하려고 짙은 색 옆에 옅은 색을 꾹꾹 찍어 발랐지요. 가까이에서 보면 지저분해 보이지만, 몇 발짝만 떨어져서 보면 정말로 반짝이는 강물처럼 보인답니다.

정원의 여인들, 1866

네 사람을 그린 것처럼 보이지만, 사실은 모두 같은 사람이에요. 주머니 사정이 넉넉지 않은 청년 클로드가 돈을 아끼려고 네 개의 캔버스 대신 한 캔버스에 그린 것 같아요. 아니면 사랑하는 카미유 말고는 아무도 그리고 싶지 않은 것일 수도 있어요.

인상: 해돋이, 1872

클로드와 친구들이 추구했던 화풍에 '인상주의'라는 이름이 붙은 건 바로 이 작품의 제목 때문이에요. 붉게 타오르는 태양이 차갑고 창백한 아침 풍경과 대비되어 더욱 뜨거워 보여요.

파라솔을 든 여인: 카미유와 장, 1875

이 작품은 바람이 많이 불던 어느 행복한 여름날을 담고 있어요. 클로드는 선명하고 정확한 사진 속 장면이 아니라 흐릿하고 따스한 기억 속 장면처럼 표현하기 위해 붓질을 성글게 했지요. 바람에 살랑거리는 들풀처럼 모델의 얼굴도 정확한 형태를 알아보기가 어려워요.

라바쿠르의 일몰, 1880

이 작품은 아주 짧은 시간에 그려졌어요. 해 질 녘 하늘색은 시시각각 변하기 때문에 원하는 색을 담아내려면 빨리 움직여야 했지요.

수련 연못: 녹색의 조화, 1899

클로드는 시간에 따라 물빛과 햇빛이 어떻게 변하는지 보려고 하루에 적어도 세 번은 연못에 갔어요. 계속 반복해 그리기도 했고요. 이 그림은 몇 시쯤에 그린 것처럼 보이나요?

건초 더미: 분홍과 파랑 인상, 1891

건초 더미, 눈의 효과, 아침, 1891

이 두 작품을 보면 사물이 계절과 시간에 따라 얼마나 달라 보이는지 알 수 있어요. 건초 더미가 쌓여 있는 이 들판은 클로드의 집 바로 옆에 있었어요. 클로드는 종종 물감과 캔버스를 잔뜩 실은 손수레를 끌고 이곳을 거닐었지요. 그러면서 건초 더미를 그렸어요. 클로드는 25번 넘게 건초 더미를 그렸지만 똑같은 그림은 하나도 없어요!

수련: 녹색 반사, 1914-1918

클로드의 수련 그림들은 점점 더 흐릿해졌어요. 이 작품에는 연못의 둑과 다리마저 빼고 그려서 뚜렷한 사물이 하나도 보이지 않지요. 이렇게 그림 속의 사물을 알아보기 힘든 작품을 '추상화'라고 해요.

그림 출처

2쪽 〈르아브르의 방파제, 궂은 날씨〉, 1870, 캔버스에 유채
개인 소장품 / 사진 ⓒ Christie's Images / Bridgeman Images

5쪽 〈생타드레스의 보트 경주〉, 1867, 캔버스에 유채
미국 뉴욕 메트로폴리탄 미술관 / Bridgeman Images

6쪽, 28쪽 〈아틀리에 한 구석〉, 1861, 캔버스에 유채
프랑스 파리 오르세 미술관 / Bridgeman Images

8쪽, 28쪽 〈정원의 여인들〉, 1866, 캔버스에 유채
프랑스 파리 오르세 미술관 / Bridgeman Images

11쪽, 28쪽 〈라 그르누예르의 수영객들〉, 1869, 캔버스에 유채
영국 런던 내셔널 갤러리 / Bridgeman Images

13쪽 〈부지발 센강 위의 얼음덩어리들〉, 1867-68, 캔버스에 유채
프랑스 파리 루브르 박물관 / Bridgeman Images

14쪽 〈웨스트민스터 다리 밑 템스강〉, 1871, 캔버스에 유채
영국 런던 내셔널 갤러리 / Bridgeman Images

17쪽, 28쪽 〈인상: 해돋이〉, 1872, 캔버스에 유채
프랑스 파리 마르모탕 미술관 / Bridgeman Images

19쪽, 29쪽 〈파라솔을 든 여인: 카미유와 장〉, 1875, 캔버스에 유채
미국 워싱턴 D. C. 국립 미술관 / Bridgeman Images

20쪽, 29쪽 〈라바쿠르의 일몰〉, 1880, 캔버스에 유채
개인 소장품 / 사진 ⓒ Christie's Images / Bridgeman Images

22쪽, 29쪽 〈수련 연못: 녹색의 조화〉, 1899, 캔버스에 유채
프랑스 파리 오르세 미술관 / Bridgeman Images

25쪽, 30쪽
왼쪽 〈건초 더미, 눈의 효과, 아침〉, 1891, 캔버스에 유채
미국 LA 장 폴 게티 미술관 / Bridgeman Images

오른쪽 〈건초 더미: 분홍과 파랑 인상〉, 1891, 캔버스에 유채
개인 소장품 / 사진 ⓒ Christie's Images / Bridgeman Images

27쪽, 30쪽 〈수련: 녹색 반사〉, 1914-18, 캔버스에 유채
프랑스 파리 오랑주리 미술관 / Bridgeman Images

루시 브라운리지 글

영국 런던에서 활동하는 어린이책 작가이자 편집자예요. 미술사, 역사, 동물, 과학에 대한 어린이책을 쓰고 있지요. 브리스틀 대학교에서 미술사를 공부했고, 코톨드 미술 연구소에서 미술사로 석사 학위를 받았어요.

카롤린 본 뮐러 그림

스위스에 살고 있는 네덜란드 출신 예술가예요. 네덜란드 암스테르담에서 패션디자인을 공부했고, 14년 동안 아동복을 디자인했어요. 어렸을 때부터 그림책을 좋아해서 그림책에 그림 그릴 날을 꿈꿔 왔지요. 이 책은 처음으로 그림을 그린 어린이책이에요.

최혜진 옮김

서울에서 활동하는 작가이자 잡지 편집자예요. 열아홉 살에 우연히 빈센트 반 고흐 생애를 다룬 어린이책을 읽고 미술을 좋아하게 됐어요. 그림과 그림책을 보면 하고 싶은 말이 많아져요. 《우리 각자의 미술관》, 《북유럽 그림이 건네는 말》, 《유럽의 그림책 작가들에게 묻다》 들을 쓰고, 《빈센트 반 고흐》와 《프리다 칼로》를 우리말로 옮겼어요.

모두의 예술가 3

클로드 모네

초판 1쇄 발행 2020년 10월 16일 | 초판 2쇄 발행 2024년 11월 22일 | ISBN 979-11-5836-204-1, 979-11-5836-184-6(세트)

펴낸이 임선희 | 펴낸곳 ㈜책읽는곰 | 출판등록 제2017-000301호 | 주소 서울시 마포구 성지길 48 | 전화 02-332-2672~3 | 팩스 02-338-2672 | 홈페이지 www.bearbooks.co.kr | 전자우편 bear@bearbooks.co.kr | SNS Instagram@bearbooks_publishers | 편집 우지영, 우진경, 이다정, 최아라, 박혜진, 김다예, 윤주영, 도아라, 홍은채 | 디자인 김지은, 김아미, 김은지, 이설 마케팅 정승호, 배현석, 김선아, 기서윤, 백경희 | 경영관리 고성림, 이민종 | 저작권 민유리 | 협력업체 이피에스, 두성피앤엘, 월드페이퍼, 원방드라이보드, 해인문화사, 으뜸래핑, 도서유통 천리마

Portrait of an Artist: Claude Monet © 2020 Quarto Publishing plc.
Text © 2020 Quarto Publishing plc.
Illustrations © 2020 Caroline Bonne Müller
Written by Lucy Brownridge
First published in 2020 by Wide Eyed Editions, an imprint of The Quarto Group.
All rights reserved
Korean translation © 2020 Bear Books Inc.
Korean translation rights arranged with The Quarto Group through Orange Agency

이 책의 한국어판 출판권은 오렌지에이전시를 통해 Quarto Publishing plc.와 독점 계약한 ㈜책읽는곰에 있습니다. 이 책은 저작권법에 따라 보호받는 저작물이므로 무단 전재와 무단 복제를 금합니다.

 KC마크는 이 제품이 공통안전기준에 적합하였음을 의미합니다.
제조국 : 대한민국 | 사용 연령 : 3세 이상
책 모서리에 부딪히거나 종이에 베이지 않도록 주의해 주세요.